DOMINA EL ARTE DE HABLAR EN PÚBLICO

Las claves para cautivar a la audiencia

Por Nicolas Martin

Traducido por Laura Soler Pinson

HABLAR EN PÚBLICO

- **¿Problemática?** ¿Cómo gestionar el miedo y superar el estrés para hablar en público con éxito?
- **¿Utilidad?** En el mundo profesional, es inevitable tener que hablar en público. No importa la forma que tome la intervención; gestionar el estrés para desarrollar y reforzar las cualidades de orador en cualquier circunstancia solo puede ser una ventaja.
- **¿Contexto profesional?** Búsqueda de trabajo (entrevistas, entrevistas de grupo), presentaciones internas (de un proyecto, de un servicio, de objetivos, de resultados, de informes de reunión), intervenciones profesionales (conferencias, seminarios, formaciones, salones, presentaciones en la universidad/escuela).
- **¿Preguntas frecuentes?**
  - ¿Por qué tenemos miedo a hablar en público?
  - ¿Qué ejercicios prácticos ayudan a superar el estrés?
  - ¿Cómo preparar correctamente la intervención?
  - ¿Qué errores no debemos cometer?
  - ¿Qué hacer si perdemos el hilo de la presentación?
  - ¿Cómo mantener la sangre fría frente a una pregunta trampa?
  - ¿Hay que temer los silencios?
  - ¿Es siempre necesaria una presentación de Power Point?

Cada intervención que se lleva a cabo frente a un público más o menos numeroso es diferente, en la medida en la que el auditorio no es nunca idéntico. También varía el tema planteado y, a no ser que seas un experto en el tema en cuestión, puede ser igualmente una fuente de angustia. Pero a esto se le añaden otros parámetros externos, como el tiempo de preparación, el lugar de la presentación o los acontecimientos personales que pueden perturbar al mejor de los oradores.

Entonces, ¿estamos condenados a percibir para siempre este ejercicio como algo difícil? Si el mejor de los oradores no logra dominar el conjunto de los parámetros que convierten en exitosa una intervención en público, ¿qué pasa entonces con el resto de los mortales? ¿Quedamos reducidos a afrontar eternamente con temor esa toma de palabra? O peor todavía, una vez que pasa el miedo de la intervención, ¿estamos inevitablemente atrapados en un círculo vicioso del que no podemos salir, puesto que es imposible tener por completo el control de la situación?

¡Es una triste manera de verlo! Porque si bien es imposible dominarlo todo para ahorrarnos ese estrés, sí que es fácil reducir esa tensión de manera sustancial gracias a métodos y a ejercicios al alcance de todos, si estamos dispuestos a acompañar ese cambio en todas las dimensiones que reviste.

Como se trata de un proceso que se produce a lo largo de toda la vida por su carácter subjetivo y evolutivo, debes desacralizar este ejercicio descubriendo y apropiándote personalmente de pistas de reflexión, métodos y consejos que te harán tomar conciencia de que tomar la palabra en público no significa firmar tu sentencia de muerte. Solo es cuestión de tiempo antes de que únicamente sientas emo-ción ante la idea de tomar de nuevo la palabra en público.

Desde mi infancia, me he visto en numerosas ocasiones delante del público: primero rodeada por decenas de personas en las galas de baile, y luego, me uní a un grupo de música, donde me puse al micrófono en varios conciertos. Aunque el estrés estaba ahí, me transportaba y no parecía paralizarme. A pesar de que me exponía con relativa frecuencia ante el público, el ejercicio de tomar la palabra delante de un grupo siempre ha sido difícil y arriesgado. Tengo un nudo en el estómago durante los instantes (a veces, horas) decisivos antes de la intervención, y enseguida, desde las primeras frases, se me ponen las mejillas coloradas y eso se extiende rápidamente al resto de la cara. Es imposible ocultarlo por la fuerte sensación de calor con la que se acompaña. Además de hacerme sentir completamente ridícula, eso perturba mi concentración y convierte el ejercicio en algo insuperable. En esencia, no soy una persona tímida, y no llego a entender qué me lleva a ese estado.

Al final, encontré la respuesta en la música: en realidad, lo que me aterroriza es la improvisación. Igual que era incapaz de inventarme la letra de una canción durante una improvisación musical, también me cuesta mucho responder a una pregunta imprevista en una presentación y, de manera general, salirme del marco que me he fijado y aventurarme en terrenos movedizos.

El estrés vinculado a la dificultad para improvisar de manera inmediata para responder a una reacción imprevista es todavía hoy un freno que experimento en el marco de mi vida profesional. Como responsable de distribución para una compañía artística, mi misión principal consiste en llamar a los programadores requeridos decenas de veces al día para convencerles de que programen varios de mis espectáculos. Ser capaz de presentar a la perfección un espectáculo (que a veces no he visto) y de responder a todas las posibles dificultades y objeciones no se ha convertido todavía en un aspecto que controle totalmente.

Sin embargo, la toma de palabra ha formado parte integrante de mis estudios y, ahora, también de mi vida profesional, y dado que no puedo resolver esas dificultades, he aprendido a esquivarlas.

Testimonio de Anne Rouchouse (responsable de distribución en el sector cultural).

EL ABECÉ DEL ORADOR OPTIMISTA

No hacen falta datos para darse cuenta del gran número de personas que sufren esta fobia. El miedo a hablar en público, o «glosofobia» —del griego [*glosa*], «la lengua» y [*phobos*], «el miedo»—, es uno de los miedos más comunes. En efecto, al menos tres de cada cuatro personas sentirían ansiedad ante la idea de hablar delante de un grupo. Dicho de otra manera, la mayoría de las personas que se encuentran delante de ti en una presentación estarían igual de estresadas que tú en tu lugar. Aunque esto pueda parecer tranquilizador en un primer momento, desgraciadamente no es suficiente para superar lo «insuperable».

Vencer nuestro miedo a hablar en público y ofrecer una presentación dinámica y controlada en todos los aspectos es el resultado de un largo proceso. En efecto, dado que cada presentación es diferente, rara vez podrás basarte en lo logrado. Sin embargo, llegarás a desarrollar un método y recursos que a continuación podrás hacer tuyos y adaptar en tus presentaciones y en función de las circunstancias.

LOS INICIOS, PARA HACERSE TODAS LAS PREGUNTAS

Primera etapa: el *brainstorming*

El *brainstorming* o «tormenta de ideas» es una técnica que se utiliza con frecuencia en el mundo profesional, puesto que presenta ventajas innegables. En el marco de la preparación de una intervención en público en la que eres el protagonista, esta técnica puede ser útil para hacer una lista con todo lo que no te agrada personalmente y con todo lo que capta tu atención en una presentación.

Esta reflexión debe situarse antes de cualquier iniciativa de presentación; tiene lugar incluso antes de fijar los objetivos de una intervención, puesto que una vez que te sumerjas en un tema específico, correrás el riesgo de perder esa perspectiva que antes te permitía pensar en la estructura ideal para un discurso convincente, sea cual sea la temática. Por lo tanto, no se trata de estructurar el ejercicio en función de una presentación en particular, sino de encontrar una metodología correcta para cualquier discurso. Los objetivos del *brainstorming* son:

- por una parte, que te liberes de un marco demasiado rígido para dejar que tu reflexión se centre en elementos que parecen menos pertinentes en un primer momento;
- por otra parte, que, ya en las primeras etapas del proceso de preparación, estés sereno y empieces con buen pie para luchar lo antes posible y de manera progresiva contra tu estrés y tu miedo.

Ejercicio práctico

¡Inspírate de tus experiencias! Pregúntate qué es lo que no te gustó en las presentaciones a las que asististe y lo que te habría permitido escuchar mejor. Si tomas conciencia de estos ejemplos y de estos contraejemplos concretos, detectarás mejor los recursos que te permiten captar la atención del público.

Tus observaciones deberían permitirte ver más claramente cuál será la apariencia (la forma) que podrá tener tu futura intervención. Y como una presentación de éxito es una conjunción armoniosa entre forma y fondo, también podrás aplicar esta técnica al contenido. Serás tú quien juzgue su utilidad en función de los conocimientos que ya posees sobre el tema y de lo que necesitas.

Si eres muy ansioso por naturaleza, tómate un tiempo para realizar este *brainstorming* también para el fondo. Tener de entrada una visión global de tus conocimientos sobre el tema que se trata —¿necesito llevar a cabo búsquedas complementarias para dominar el tema?— te permitirá de nuevo proseguir tu lucha contra el estrés yendo directamente a sus posibles fuentes. En efecto, cuando se toma la palabra, una gran parte del estrés proviene del hecho de que a veces no dominamos del todo ciertos elementos y que tememos que nos descubran el día D. Por lo tanto, te aconsejamos que te informes ampliamente para ganar en serenidad.

Segunda etapa: la fijación de un marco

Antes de sumergirte en la preparación de tu intervención, es necesario que te hagas algunas preguntas preliminares (lista no exhaustiva).

- **¿A qué tipo de público me voy a enfrentar?** Es importante saber si se trata de un público homogéneo o heterogéneo, formado por expertos o por novatos, y determinar sus expectativas.
- **¿Cuál es el objetivo general de mi intervención?** ¿Informar? ¿Formar? ¿Convencer? ¿Persuadir? ¿Divertir?

* **¿Cuáles son los subobjetivos?** Puedes anotar hasta tres. Derivan del objetivo general, pero son más precisos, a menudo cuantificables. Por ejemplo, la mayoría de las personas (3/4 de los participantes) deben irse de la reunión sabiendo utilizar la nueva interfaz de la intranet.
* **¿De qué medios dispongo para alcanzar estos objetivos?** Pueden ser tanto materiales como inmateriales: tu habilidad, tu capacidad para explicar o para responder de manera pertinente a una pregunta, etc.
* **¿Cuáles son mis puntos positivos para esta intervención?** No dudes en hacer de *coach* contigo mismo y en destacar tus cualidades.

PEQUEÑO PLUS

Muchas personas tienden a denigrarse y a vivir el ejercicio de la toma de palabra como una fatalidad, sobre todo si es impuesto. Sin embargo, pensar en sus cualidades les permitiría poner una barrera a esta denigración sistemática y situarse en la dinámica inversa, la de la «autoapología» y la de la plena conciencia de sus capacidades.

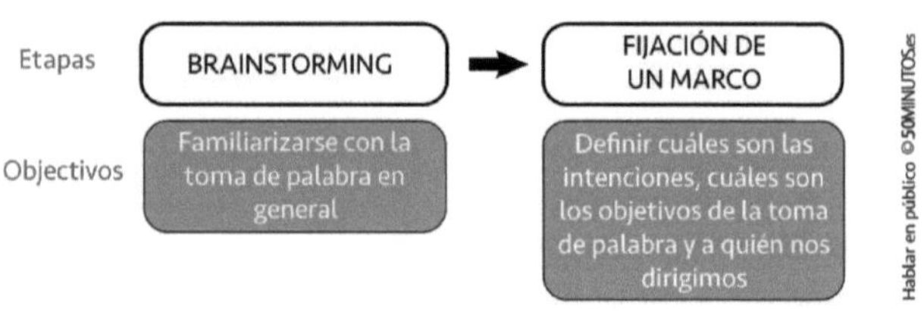

LA PREPARACIÓN, PARA DOMINAR TODA TU INTERVENCIÓN

La preparación debe situarse en el centro de tus preocupaciones. Los *coaches* personales y los expertos sobre el tema te lo dirán: más de las tres cuartas partes de tu éxito reside en tu capacidad para prepararte correctamente. Y de la misma manera que trabajas las preguntas preliminares, también debes hacerlo tanto con el fondo como con la forma.

El fondo

Has podido pensar ya en el contenido de tu intervención gracias al *brainstorming* previo. Ahora haz más sencillo tu trabajo teniendo en cuenta tres elementos clave:

- la búsqueda de la información que todavía desconoces;
- la distribución de las ideas a través de la elaboración de un esquema claro, para entregar un mensaje preciso, contundente y profesional;
- la redacción de una parte o de la integralidad de tu dis-

curso, que hará las veces de «partitura» en los ensayos.

RECURSO ESPECIAL PARA LOS ANSIOSOS

En un primer momento, redacta por entero tu discurso. Así, expresarás con tus propias palabras las ideas que quieres desarrollar, para apropiarte de la problemática mientras luchas contra el estrés.

Si esperas basarte en una presentación de Power Point el día D, aprovecha el momento para empezarla. ¡Pero hay que tener cuidado con no saltarse etapas! Es mejor empezar solo por rellenar las diapositivas. Aplicaremos el formato después. Por lo tanto, empieza a trabajar con fondos blancos.

La forma

Cuando el trabajo sobre el fondo ya está bien avanzado, es hora de pensar en la forma que vas a dar a tus ideas. Retoma el esquema que has realizado previamente para manejar con destreza las rúbricas de tu presentación.

En este punto, deberás retomar lo que has puesto sobre el papel en tu *brainstorming* y adaptarlo al estilo oral. No te confundas: aunque tu estilo escrito sea muy bueno, es inevitable que parezca más pesado y menos natural que el oral. Así, trabaja en especial este aspecto y no te arriesgues a perder la atención de tu auditorio.

Este imperativo vinculado a la lengua requerirá de ti una mente abierta y tiempo. Comparado con esto, la búsqueda de información y la distribución de ideas no representarán, en principio, más que una pequeña parte de tu tiempo.

Trabaja de nuevo metódicamente:

- rúbrica tras rúbrica, en el orden de desarrollo de tu presentación;
- tus soportes, como tu presentación de Power Point si has decidido elaborar una.

ESQUEMATIZACIÓN DEL POWER POINT

Cuanto más manipules las ideas que piensas desarro-llar en tu discurso, más fácil te resultará esquematizar algunas de ellas en tus diapositivas (utilizando, por ejemplo, los modelos de formato propuestos por el programa). Tu soporte Power Point se convertirá así en un valor añadido: ¡el efecto visual y la eficacia están garantizados!

Simulación

Para visualizar mejor el pasaje de tus ideas del estilo escrito a un estilo más oral, te presentamos a continuación un ejemplo que trata acerca de la presentación de preconizaciones con respecto a la acción cultural de Francia en el mundo con el objetivo de volver a disfrutar de su dinamismo y de su resplandor cultural.

- **Discurso escrito:**

> Si bien Francia desea encontrar un resplandor cultural comparable al del siglo pasado, lo cierto es que su acción cultural exterior necesita centrarse en una estrategia en tres tiempos, llevados a cabo de manera simultánea, y que no estén desligados los unos de los otros.
> En efecto, es necesario que Francia logre, por una parte, estabilizar su red cultural desplegada en el extranjero, pero también presente dentro del Hexágono, las reformas llevadas a cabo a este respecto, tanto a nivel cualitativo como cuantitativo, de la misma manera que es esencial proceder a una evaluación de la imagen de la acción cultural en el extranjero para comprender las diferentes percepciones, sin olvidarnos de resolver las problemáticas que continúan afectando a la red internamente.
> Por otra parte, la red debe llevar a cabo, en paralelo, una po-

lítica de valorización de los ámbitos de acción clave dándoles prioridad en ciertas zonas geográficas. Hablamos sobre todo de los sectores cinematográfico, musical y literario, conformado este último por los libros y los escritos.

Para terminar, para completar esta estrategia en tres frentes, Francia tiene el deber de afianzar el giro llevado a cabo en su política cultural, es decir, en las dimensiones intercultural e interdisciplinaria de su acción en el extranjero. Se trate de festivales en América Latina, de la acogida de los artistas y de las culturas extranjeras en el territorio nacional, de la defensa de causas culturales como el patrimonio internacional en Siria o en Mali, o de la defensa de los pueblos amenazados como el de los uigures, Francia podría situar su acción en una dinámica de cooperación cultural bidireccional y, así, volvería a disfrutar de una cierta influencia mundial.

En el discurso escrito, se distinguen a la perfección los tres elementos esenciales a través de los tres párrafos. Sin embargo, estos tres párrafos van a necesitar más visibilidad en el oral.

- **Discurso oral:**

Deben emitirse tres preconizaciones en el marco de la acción cultural exterior de Francia. Si el país quiere volver a tener una cierta influencia mundial a nivel cultural, la diplomacia cultural francesa primero debe estabilizarse (necesidad de estabilidad), en relación con su red, con la naturaleza y con el ritmo de las reformas, de la toma de conciencia de su imagen actual, y de la resolución de las problemáticas internas. A continuación, deberá revalorizar (necesidad de revalorización) algunos ámbitos de acción en particular, como el cine, la música, los libros y los escritos, y para acabar, afirmar (necesidad de afirmación) en mayor medida su política cultural e interdisciplinar (por ejemplo: festival en América Latina + acogida de artistas y culturas extranjeras + defensa de causas culturales, *cf.* Siria y Mali + defensa de pueblos amenazados, *cf.* pueblo uigur).

Las palabras utilizadas son más genéricas y la estructura de las frases, más simple, mientras que el empleo de repeticiones como «necesidad de» permite destacar las tres palabras clave sobre las que queremos captar la atención del auditorio: «estabilidad», «valorización» y «afirmación». La elocución de estas tres palabras clave puede ir acompañada de un lenguaje gestual que anime al público a mirar hacia la esquematización del Power Point.

- **Modelización en Power Point**

Modelización en Power Point

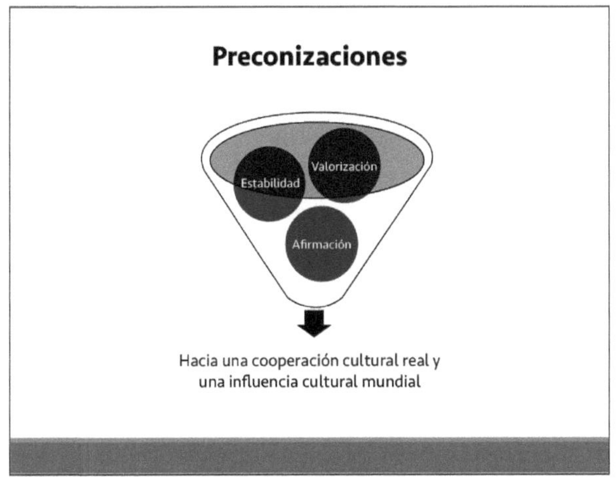

La diapositiva es depurada, no está sobrecargada de texto. Las palabras clave aparecen de manera clara y se presentan en un esquema que permite entender la relación entre las ideas. No hace falta que figuren ejemplos que van a servir para dar cuerpo a tu discurso oral o que se expliquen las palabras clave.

El entrenamiento o los ensayos

Ahora que se han reunido todos los elementos, puedes meterte de lleno en los ensayos de la presentación con más serenidad y dominio. Es el período de reajustes por excelencia, es el momento que se dedica a hacer que fondo y forma se acomoden.

Entrenarse requiere dejarse ir, puesto que hace falta dejar que las cosas se desarrollen de manera natural y lógica. Las ideas que pensabas encadenar de una cierta manera quizás sean más claras si las presentas de otra forma. El recurso a tus soportes también puede plantear dudas. ¿Tu Power Point mejora la comprensión de tu discurso? ¿No complica más las cosas de lo que ya lo son en realidad?

Debes poner toda tu atención en ese momento, que se acerca a la toma de palabra en cuestión, puesto que tienes que saber que todavía habrá que ajustar numerosos pasajes de la presentación. Dedícale tanto tiempo como lo hiciste con la forma, por la simple y llana razón de que se trata de su prolongación, y practica delante de diferentes públicos para estar preparado ante cualquier eventualidad.

- Solo, para ajustar tu discurso y tus diapositivas, y ofrecer a tu auditorio un discurso coherente, preciso y profesional.
- Delante de una o dos personas que conoces, para poner a prueba tu lenguaje gestual, tu magnetismo y la claridad de tus ideas.
- Delante de una o dos personas del mismo perfil que las que conformarán tu público el día D, para cualquier aspecto más técnico y para estar preparado, entre otras cosas, a preguntas en las que no habías pensado.

Pequeño plus

Trabaja tu introducción probando varios ganchos para detectar qué capta la atención desde el principio, y así estarás más tranquilo para abordar el resto de la presentación.

Gracias a estos ejercicios de simulación, tus «cobayas» te darán unas opiniones directas. Ahora te toca rectificar y pulir algunos aspectos. Además, a base de repetir tu presentación de diferente manera, dominarás el contenido sin demasiados esfuerzos y dispondrás de más tiempo para lo que más temes: la confrontación con la mirada de tu auditorio.

Preparar una presentación

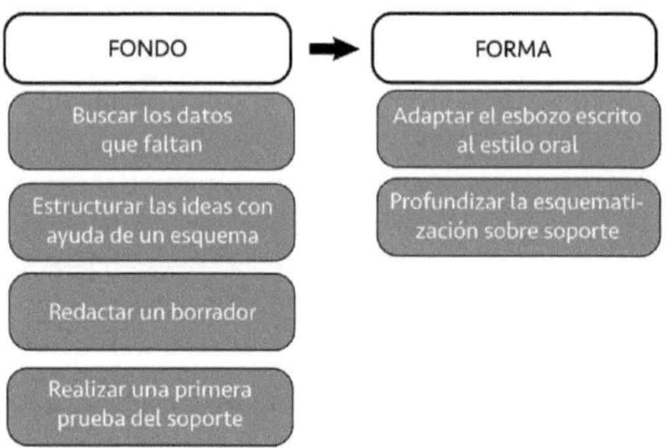

LA PRESENTACIÓN EN CUESTIÓN, PARA GESTIONAR MEJOR SU DESARROLLO

El día D se acerca a grandes pasos. Has tenido tiempo para ensayar y dominas el tema, tu presentación de Power Point, tu discurso y la manera de presentarlo. Sin embargo, sigues sintiendo ese estrés con solo imaginarte ante el resto de la sala. Que no cunda el pánico: tómate un tiempo para relajarte gracias a algunos ejercicios.

Antes de la presentación, ejercicios de respiración

Para reducir tu estrés justo antes de realizar la presentación, puedes efectuar algunos ejercicios sencillos de respiración que apenas te llevarán unos minutos.

- **La respiración cuadrada o en cuatro tiempos:** cuenta hasta 4 mientras inspiras, retén tu respiración durante otros 4 segundos, espira contando hasta 4 y bloquea de nuevo tu respiración durante 4 segundos. Puedes reproducir este ciclo durante unos diez minutos para permitirte regular tu respiración y los latidos de tu corazón.
- **La respiración en movimiento:** da un pequeño paseo en el que te concentrarás en tu respiración, y durante todo el recorrido, inspirarás por la nariz antes de espirar por la boca. Puedes dar la vuelta a la manzana o a un edificio, en función de tu entorno.
- **La respiración liberadora:** inspira profundamente y espira balanceando al mismo tiempo tus brazos hacia el suelo. El hecho de proyectar tus brazos hacia abajo puede tener un lado liberador, como si te desembarazases del estrés y del miedo arrojándolos al suelo. ¡No dudes en aislarte para realizar este ejercicio!

Durante la presentación, puntos que no debes olvidar

Empieza la presentación. Has llevado a cabo algunos ejercicios para ralentizar tu ritmo cardiaco y ahora es la hora de comenzar.

Si puedes, intercambia algunas palabras con una persona que conozcas hasta que tengas que empezar tu presentación. El objetivo de la maniobra es desviar tu atención de la inminente intervención, hacerte pensar en otra cosa para que evitemos acabar con el efecto de los ejercicios de relajación. Vista la preparación que has hecho previamente, no hay por qué estresarse pocos minutos antes de empezar.

Durante tu presentación, intenta en la medida de lo posible:

- cuidar la coherencia global, puesto que los cambios, vengan de donde vengan, pueden perturbar al público y desviar su atención del discurso;
- tomarte el tiempo de respirar;
- controlar la velocidad al hablar;
- tener una botella de agua al alcance de la mano;
- no tener miedo de un silencio de algunos segundos;
- no quedarte estático;
- mantenerte optimista y positivo.

Los imprevistos, hacia un eventual trabajo arduo sobre uno mismo

Si durante la fase de preparación los imprevistos ya constituían una fuente de estrés anticipándonos a las preguntas, a las reacciones o al azar, ocurre lo mismo durante la presentación. Algunas personas que dominan de cabo a rabo su presentación no se sentirán a la deriva por una pregunta inesperada o por un comentario por sorpresa, mientras que otras pueden verse completamente perdidas. Si formas parte de la segunda categoría, has de saber que aprender a reaccionar mejor frente a los imprevistos es un trabajo a largo plazo y que no todo cambiará en una presentación. Precisamente a través de la práctica podrás aplicar algunas técnicas y gestionar mejor esos imprevistos.

En términos generales, para iniciar una introspección para reaccionar mejor frente a los imprevistos, debes aprender a:

- gestionar tus emociones y, en consecuencia, a conocerte bien;
- demostrar adaptabilidad y flexibilidad;
- relativizar y mantenerte optimista.

A pesar de que toda preparación previa a una intervención en público constituye en sí algo positivo, también puede convertirte en alguien hermético frente a imprevistos y, por lo tanto, menos natural y abierto al debate. Por esta razón, es preferible recordar desde el principio que no dominas algunas cosas y optimizar ese tiempo ahorrado trabajando más sobre la gestión de tus reacciones en situaciones inesperadas. Ganarás en confianza y en serenidad.

Continuación y final del testimonio de Anne Rouchouse (responsable de distribución en el sector cultural)
«Desde entonces, preparo una posible intervención con antelación y con la máxima dedicación, para tener el tiempo de explorar y de empaparme del tema abarcando más de lo

que realmente voy a tratar. Asimilar datos relacionados de cerca o de lejos con mi tema me da legitimidad y serenidad cuando llega el momento.

Establezco un esquema detallado de la entrevista tal y como la imagino, y redacto a continuación todo lo que tengo pensado decir para, a continuación, aprendérmelo prácticamente de memoria. Por supuesto, la primera línea que he establecido se retoca varias veces durante los ensayos orales. La versión sobre la que trabajo es la que me aprenderé hasta sabérmela de memoria.

Dado que memorizo particularmente bien la información a través de la lectura, el hecho de trabajar mi discurso para adaptarlo al oral, el hecho de releer el escrito y corregirlo me ayuda mucho para aprendérmelo. Así, me hacen falta relativamente pocos ensayos para sabérmelo.

Me cronometro, incluso si el tiempo impartido no está limitado. Me tranquiliza dominar el factor tiempo, aunque tengamos tendencia a expresarnos a velocidades diferentes en una intervención real.

La víspera de la intervención, ensayo justo antes de acostarme, puesto que tengo la impresión de que «dormirme con ello» es eficaz.

Saco tiempo para poder ensayar mi presentación un poco antes de la hora fatídica. Si todo va bien, me siento en confianza y la mayor parte de mi estrés se va. En caso contrario, señalo los pasajes que todavía me parecen difíciles, para abordarlos mejor en el momento de la presentación.

Durante la presentación, llevo conmigo todas mis notas (y no solo un esquema). Aun cuando lo normal es que no las necesite, el simple hecho de saber que tengo al alcance de la mano cualquier idea de mi presentación me tranquiliza mucho.

Para acabar, siempre busco el apoyo visual de la sala, sin olvidar barrer con la mirada al auditorio de manera regular para suscitar la atención del público».

LOS 10 MEJORES CONSEJOS

1. Hazte las preguntas correctas antes de empezar la preparación de tu intervención. ¿A qué tipo de público te vas a dirigir? ¿Cuál es el objetivo de tu intervención? Preguntas que te guiarán de forma eficaz en tu preparación y que te permitirán ganar tiempo en tus futuros ensayos.

2. Haz ejercicios de respiración. Desde la preparación hasta el momento de la presentación, tómate tu tiempo para respirar bien gracias a ejercicios simples. Algunas prácticas teatrales son muy útiles para controlar el ritmo cardiaco y «descargar ondas negativas».

3. Asegúrate de cuidar en particular el inicio de tu intervención. Empezar con buen pie te permitirá tener más confianza en ti para el resto de la presentación. Prepara un gancho o una introducción original. Una anécdota teñida de humor es a veces un buen medio para romper el hielo.

4. Evita en la medida de lo posible redactar por completo tu intervención y, sobre todo, no leas tus notas durante la intervención. Valora lo espontáneo y lo natural.

5. Cuanto más ensayes, mejor. Cuanto más tiempo dediques a ensayar, mejor dominarás tu intervención y más a gusto te sentirás cuando llegue el momento. La práctica permite atenuar de manera sustancial el estrés.

6. No te centres en la imagen que puedas estar dando. Céntrate más bien en la coherencia entre tu lenguaje gestual corporal y tu discurso. Es esencial que tu actitud no esté en contradicción con lo que dices.

7. Escucha a tu público y demuestra flexibilidad. No puedes prever su implicación, pero puedes corregirte si vas bien

preparado y si estás cómodo con el tema.

8. No te dejes perturbar por elementos externos. De nuevo, siempre habrá incógnitas que no dominarás. Por el contrario, puedes dominar tus reacciones y mantener la sonrisa y el mismo dinamismo a pesar de los imprevistos. Demuestra constancia.

9. Adopta una buena postura manteniéndote erguido. Quizás esto te parezca que no reviste importancia, pero hay estudios que han demostrado que mantenerse erguido no solo reduce la ansiedad y el estrés, sino que también da más seguridad y energía, sin olvidar una mejor respiración, primordial sobre todo si tenemos que hablar más de 30 minutos.

10. No te bases en tus soportes, puesto que son solo herramientas. Si te apoyas en una presentación de Power Point, no sobrecargues las diapositivas, simplifícalas. El objetivo es solo ayudar a que tu público siga el desarrollo de la intervención y que retenga la información en algunas palabras clave. Tú tienes que ser el centro de la presentación.

«Hablar en público se trabaja». Por eso, aquí tienes algunos consejos que provienen de la observación y de la práctica de la intervención en público de Georges Peillon (consejero, instructor y asistente de comunicación de crisis).

> El 90% del éxito reside en la preparación de la intervención. Que nadie lo dude, si alguien acude a ti, es porque tú eres la persona óptima para hablar sobre el tema que se va a tratar... Esto significa que tienes que poner toda la suerte de tu lado. Las reacciones son desiguales en situaciones de toma de palabra. Algunos conectarán directamente con su público,

mientras que otros necesitarán un calentamiento, es decir, ensayos. Hablar en público es un poco como cuando uno se sienta en una silla: hacen falta cuatro patas para estar estable.

• **El tema**. ¿Eres la persona indicada para hablar del tema? Si la respuesta es negativa, renuncia en vez de lanzarte en una aventura que conlleva riesgos, principalmente la imagen que vas a ofrecer a los demás. Si, por el contrario, eres experto en la materia, no puedes desmarcarte de esta petición. Habrá que pensar entonces en un tiempo de preparación suficiente para presentar tus ideas.

• **El público.** ¿Cuántos serán? ¿Estarán iniciados en el tema o habrá que esforzarse por vulgarizarlo? Las respuestas a estas preguntas son indispensables si queremos dejar en vilo a nuestro público.

• **El contexto.** ¿En qué condiciones vas a tomar la palabra? ¿Cuáles serán las condiciones técnicas? ¿Quién hablará antes y después que tú? ¿Lo grabarán? ¿A qué hora empezarás a hablar?

• **El orador.** ¿En qué estado anímico te encuentras? ¿Estás nervioso, estresado? En ese caso, se va a notar. Visualiza imágenes tranquilizadoras para controlar la situación e intentar disminuir el miedo que te corroe. Haz algunos ejercicios de respiración.

Para acabar, una anécdota. En un seminario que reunía a 150 directores de comunicación, un interventor debía explicar qué era la inteligencia económica. Se trataba de uno de los mejores especialistas de la cuestión y, sin embargo, su intervención resultó ser una catástrofe por dos razones. La primera es que le fue imposible dominar el miedo que lo paralizaba: todo eran balbuceos y confusiones. Y además, ansiaba presentar mucha información, así que se ahogó en el soporte que la pantalla proyectaba. Se había quedado hasta tarde esa noche modificando su presentación, añadiendo y quitando datos. Tras su intervención, nadie tenía más claro el concepto de inteligencia económica...

En conclusión, hay que ofrecer un discurso simple (que no simplista), puesto que lo que cuenta es lo que vas a decir. Nada más.

PREGUNTAS FRECUENTES

¿POR QUÉ TENEMOS MIEDO A HABLAR EN PÚBLICO?

La glosofobia, o miedo a hablar en público, proviene esencialmente del miedo a la opinión y a la mirada de los demás. También puede tener su origen en otros factores, como:

- el miedo a fracasar;
- el miedo a decir un sinsentido;
- el miedo al ridículo;
- el miedo a vivir un momento de soledad;
- y, a menudo, la combinación de varios de estos miedos.

Aplícate y analiza qué te da miedo personalmente en este tipo de ejercicios haciéndote las preguntas correctas —«¿Por qué tengo tanto miedo a tomar la palabra en público?» o «¿Qué riesgos corro hablando delante de los demás?»— para poder empezar el trabajo sobre ti mismo. Una vez que identifiques estos puntos, te será más fácil afrontarlos.

¿QUÉ EJERCICIOS PRÁCTICOS AYUDAN A SUPERAR EL ESTRÉS?

Ejercicios de respiración

Puedes recurrir a simples ejercicios de respiración que te permitan concentrarte sobre tu ritmo cardiaco y ralentizarlo. Tal y como hemos visto antes, la respiración cuadrada o en cuatro tiempos y la respiración en movimiento son simples y rápidas de llevar a cabo. Existen otros ejercicios de relajación rápidos que te permitirán evacuar el estrés:

- **el barrido**, que consiste en colocar las yemas de los dedos de ambas manos en el centro de la frente, en la raíz del cabello y hacerlas deslizar a continuación hacia los lados, hasta que salgan del rostro. Este movimiento de barrido, repetido tres veces sobre una misma zona, puede efectuarse igualmente sobre las otras partes de la cara (raíz de la nariz, párpados, mejillas, boca, mentón, cuello);
- **el *quick sauna***, frotando las manos enérgicamente la una contra la otra, hasta que se calienten, poniendo las palmas sobre los párpados cerrados y respirando con tranquilidad hasta que las palmas se enfríen;
- **los automasajes**, ya sean en las sienes, en el plexo o en las mejillas.

Además, cuando la respiración abdominal va acompañada de algunos gestos, permite calmarse de manera significativa y encontrar de nuevo un ritmo cardiaco normal y una serenidad corporal. Procede de la siguiente manera:

- etapa 1: relaja tus músculos, pon una mano sobre tu vientre y cierra los ojos;
- etapa 2: inspira profundamente por la nariz, hinchando tu vientre, mientras efectúas masajes alrededor del ombligo;
- etapa 3: espira muy lentamente por la boca mientras sigues efectuando los masajes alrededor del ombligo;
- etapa 4: repite el ejercicio varias veces, concentrándote en la inspiración y en la espiración por el vientre y en

los masajes que tienen por objetivo que relajes la zona abdominal.

Ejercicios prácticos heredados del teatro

Existen también una gran cantidad de ejercicios que provienen de prácticas teatrales que te permitirán presentarte en público y desdramatizar la toma de palabra. Son más difíciles de llevar a cabo en solitario, aunque algunos ejercicios se pueden realizar de manera individual:

- hablar lo más rápido posible. Lo interesante de este ejercicio es desarrollar la imaginación y la desenvoltura verbal en situación de estrés. Por ejemplo, puedes practicar este ejercicio con una parte un poco más difícil de tu presentación e intentar presentar o explicar los puntos lo más rápido posible. Al final, esta técnica te permitirá encontrar medios más rápidos y simples para explicar ciertas cosas y, por lo tanto, salir de forma más airosa el día D;
- valorar a cada persona del público en vez de tener en cuenta al grupo. Si lo que más temes es la mirada de los demás, este ejercicio te ayudará progresivamente a superar esa mirada. Si no tienes la posibilidad de realizar este ejercicio con un número suficiente de personas, puedes intentarlo improvisando un poco: en la calle mientras caminas y miras intensamente a las personas con las que te cruzas o parándote en un callejón sin salida, como si esperases a alguien, y prestando atención a la mirada que los demás te lanzarán. Por ejemplo, puedes llevar una ropa de color para llamar la atención, lo que te permitirá una confrontación real con la mirada de los demás;

- imaginar de manera realista lo que deseas que se produzca durante tu presentación. Para que eso funcione, es necesario que la proyección/visualización sea realista, y que se base en elementos concretos. Por lo tanto, puedes imaginar el final de tu presentación y los comentarios emitidos por algunas personas del público durante algunas conversaciones. En este ejercicio, es esencial que prestes atención a las sensaciones experimentadas, a tu estado de ánimo y a los sentimientos percibidos.

Como todo el mundo es diferente, conviene buscar, probar y apropiarse varios ejercicios que tendrán un efecto real en la gestión de tu estrés. También puedes participar en talleres o en cursos de improvisación teatral que te ayudarán a trabajar no solo la comunicación verbal, sino también la no verbal, y a desarrollar una cierta capacidad para tomar distancias con la imagen que presentas, para determinar cuáles tendrán un efecto real sobre tu estrés y sobre tu miedo. Hazte con ellos.

¿CÓMO PREPARAR CORRECTAMENTE LA INTERVENCIÓN?

Una buena preparación necesita tiempo y tenacidad. En efecto, tienes que hacerte a la idea de que vas a ensayar varias veces tu discurso, vas a cambiar elementos y, en resumen, vas a remodelar tu presentación hasta que la hayas integrado por completo.

En términos globales, debes pensar en:

- plantearte las preguntas correctas desde el principio;

- buscar la información que podría faltarle;
- establecer un esquema claro para poder presentar un mensaje preciso, contundente y profesional;
- trabajar la forma ensayando una y otra vez;
- pensar en un gancho que te permita atraer la atención del público desde el principio.

¿QUÉ ERRORES NO DEBEMOS COMETER?

Los escollos que hay que salvar son numerosos. Entre los errores que no hay que cometer, citaremos los siguientes:

- descuidar al auditorio;
- descuidar la preparación;
- representar un papel;
- ser demasiado serio y distante;
- leer la presentación de Power Point;
- leer o recitar las notas;
- utilizar parásitos del lenguaje («eh», «pues», «o sea», etc.);
- quedarse paralizado.

¡Prepáralo todo para suscitar y mantener la atención de tu público!

¿QUÉ HACER SI PERDEMOS EL HILO DE LA PRESENTACIÓN?

No es infrecuente perder el hilo de lo que estábamos diciendo como efecto de la hiperconcentración o tras una interrupción. ¡No temas! Si te ocurre, toma tus notas para echar un vistazo rápido. Los recursos visuales que previamente habrás puesto a punto te ayudarán a volver a tu ser y a seguir de manera serena con tu exposición. Piensa, por ejemplo, en organizar tu cuaderno de notas:

- por un lado, tu discurso redactado;
- por el otro, el esquema de tu intervención, esquemático y visual.

¿CÓMO MANTENER LA SANGRE FRÍA FRENTE A UNA PREGUNTA TRAMPA?

Gestionar tus reacciones y mantener la sangre fría son automatismos que tendrás que adoptar rápidamente: los adquirirás según vayas teniendo más experiencia en las intervenciones. Además de mejorar la calidad de tus presentaciones de trabajo, te servirá en tu vida cotidiana.

Recuerda que, en principio, el público no está ahí para tenderte trampas o incomodarte. Todo el mundo sabe de la dificultad que conlleva este tipo de ejercicio, y si se plantea una pregunta en la que no habías pensado, no te precipites. Tómate tu tiempo para pensar y responder cómodamente, puesto que, al final, eres TÚ quien dirige la intervención, así que ¡aprovecha!

Para acabar, aunque hayas preparado el contenido de tu presentación, a veces no significa que seas un experto en la materia. Atrévete a admitir tu conocimiento aproximado del tema respondiendo, por ejemplo, «no soy capaz de responderle por el momento» o «no quiero decir una tontería».

De hecho, aquel que piensa que lo sabe todo sobre un tema parece muy pretencioso. Por lo tanto, si se presta la ocasión, no dudes en tomar los datos de la persona y en contactarla tras haber efectuado algunas búsquedas suplementarias.

¿HAY QUE TEMER LOS SILENCIOS?

Los silencios pueden ser muy desestabilizadores para ciertas personas. Sin embargo, hablar rápidamente y rellenar cada segundo para compensar su estrés y acabar lo más rápido posible con una presentación provocará con total seguridad que el público desconecte inmediatamente. Por lo tanto, opta por un comportamiento que parecerá tranquilo, natural y profundo.

Los silencios son útiles por dos razones que están relacionadas:

- la respiración;
- una velocidad más moderada al hablar.

Pero cuidado con no caer en lo contrario y hablar demasiado lentamente o abusar de los silencios. Como ocurre con todo, hay que encontrar el punto medio. Y la práctica te ayudará mucho en esta tarea.

¿ES SIEMPRE NECESARIA UNA PRESENTA-CIÓN DE POWER POINT?

A primera vista, todo indica que la necesidad de un soporte visual depende de la temática —que pretendes presentar— y del contexto —en el que harás tu intervención—. Sin embargo, constatamos que se ha vuelto raro realizar una intervención que no se acompañe de un soporte visual (de tipo Power Point). En efecto, esta herramienta se ha ido imponiendo progresivamente y ya parece indispensable en toda presentación. Se aconseja su uso en:

- presentaciones que duren más de 20 minutos;
- presentaciones complejas o que abarquen muchas cifras.

Cuando elegimos presentar un soporte visual que contiene informaciones estructuradas y reutilizables, estamos facilitando la comprensión de las personas a las que nos dirigimos. Este soporte te ayudará igualmente a retener una gran cantidad de datos, puesto que una intervención de más de 20 minutos implica un contenido más bien denso.

Para algunas presentaciones, sobre todo para reuniones internas, puede ser interesante y formador hablar de vez en cuando sin soporte Power Point y confiar en tus capacidades de orador reforzadas en gran medida con la práctica. Ponte retos y así es como acabarás por apreciar las intervenciones.

¡AHORA ES TU TURNO!

Llegar a hablar en público, a convencer y a presentar un mensaje está al alcance de todos, puesto que es posible eliminar toda posible fuente de estrés, evitándola o luchando contra ella gracias a la instauración de un cierto número de recursos personales.

1. Así, empieza por detectar las causas del estrés.
2. Descubre los miedos asociados.
3. Imagina planes de acción para mejorar la situación y superar lo que te impide avanzar.

Dar un paso atrás para avanzar mejor

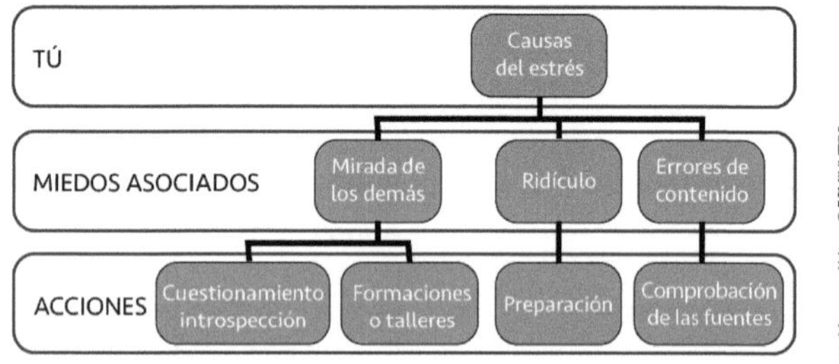

Puesto que todo es una cuestión de preparación y de trabajo, analiza lo que te ralentiza o lo que te plantea problemas y dedica más tiempo a ello. Puedes decidir por ti solo si quieres salir de esta espiral, así que ¡ahora es tu turno!

¡Tu opinión nos interesa!
¡Deja un comentario en la página web de tu librería en línea,
y comparte tus favoritos en las redes sociales!

PARA IR MÁS ALLÁ

FUENTES BIBLIOGRÁFICAS

- Franc Desages, Caroline. 2014. "Comment gérer la peur de parler en public?". *L'express.fr*. 19 de mayo. Consultado el 20 de octubre de 2016. http://www.lexpress.fr/styles/psycho/glossophobie-comment-gerer-la-peur-de-parler-en-public_1537311.html
- Gannac, Anne-Laure. 2002. "Parler face au public". *Psychologies.com*. Consultado el 20 de octubre de 2016. http://www.psychologies.com/Moi/Moi-et-les-autres/Timidite/Articles-et-Dossiers/Oser-se-parler/Parler-face-au-public
- Grange, Philippe. 2013. *Prise de parole en public à l'usage des managers et des communicants*. París: Faits & Chiffres.
- Holmes, Lindsay. 2014. "Bienfaits d'une bonne posture sur le stress, la productivité… : 6 raisons de bien vous tenir droit". *The Huffington Post*. 8 de octubre. Consultado el 20 de octubre de 2016. http://www.huffingtonpost.fr/2014/10/08/bienfaits-posture-stress-productivite-tenir-droit_n_5943986.html
- Rouden, Elsa. 2011. "6 exercices de relaxation contre le stress". *Femina.fr*. 9 de agosto. Consultado el 20 de octubre de 2016. http://www.femina.fr/Sante-Forme/Bien-etre/6-exercices-de-relaxation-contre-le-stress
- Semeunacte, Mohamed. 2014. "7 techniques d'orateur efficace (et intéressant… pour changer)". *Semeunacte.com*. 15 de enero. Consultado el 20 de octubre de 2016. http://semeunacte.com/orateur-efficace

- Sorzana, Catherine. 2010. *La prise de parole en public.* París: Victoires éditions.

¡APRENDER NUNCA ANTES FUE TAN RÁPIDO!

www.en50minutos.es